Luce Péclard

Le Chevalier-Aigle

I0022742

Luce Péclard

Le Chevalier-Aigle

Poème précolombien

Éditions Muse

Impressum / Mentions légales

Bibliografische Information der Deutschen Nationalbibliothek: Die Deutsche Nationalbibliothek verzeichnet diese Publikation in der Deutschen Nationalbibliografie; detaillierte bibliografische Daten sind im Internet über http://dnb.d-nb.de abrufbar.

Alle in diesem Buch genannten Marken und Produktnamen unterliegen warenzeichen-, marken- oder patentrechtlichem Schutz bzw. sind Warenzeichen oder eingetragene Warenzeichen der jeweiligen Inhaber. Die Wiedergabe von Marken, Produktnamen, Gebrauchsnamen, Handelsnamen, Warenbezeichnungen u.s.w. in diesem Werk berechtigt auch ohne besondere Kennzeichnung nicht zu der Annahme, dass solche Namen im Sinne der Warenzeichen- und Markenschutzgesetzgebung als frei zu betrachten wären und daher von jedermann benutzt werden dürften.

Information bibliographique publiée par la Deutsche Nationalbibliothek: La Deutsche Nationalbibliothek inscrit cette publication à la Deutsche Nationalbibliografie; des données bibliographiques détaillées sont disponibles sur internet à l'adresse http://dnb.d-nb.de.

Toutes marques et noms de produits mentionnés dans ce livre demeurent sous la protection des marques, des marques déposées et des brevets, et sont des marques ou des marques déposées de leurs détenteurs respectifs. L'utilisation des marques, noms de produits, noms communs, noms commerciaux, descriptions de produits, etc, même sans qu'ils soient mentionnés de façon particulière dans ce livre ne signifie en aucune façon que ces noms peuvent être utilisés sans restriction à l'égard de la législation pour la protection des marques et des marques déposées et pourraient donc être utilisés par quiconque.

Coverbild / Photo de couverture: www.ingimage.com

Verlag / Editeur:
Éditions Muse
ist ein Imprint der / est une marque déposée de
OmniScriptum GmbH & Co. KG
Heinrich-Böcking-Str. 6-8, 66121 Saarbrücken, Deutschland / Allemagne
Email: info@editions-muse.com

Herstellung: siehe letzte Seite /
Impression: voir la dernière page
ISBN: 978-3-639-63584-3

LUCE PÉCLARD

Le chevalier - aigle

Poème précolombien

PROPOS LIMINAIRE

L'idée initiale du poème « *Le Chevalier-Aigle* » prend racine dans le livre du grand historien de l'art et des civilisations Henri Stierlin :

« *L'OR ET LA CENDRE – A la rencontre des Amériques* », une étude approfondie grand format de 200 pages, parue aux Editions Arthaud, Paris, en 1991, ouvrage consacré aux Précolombiens.

Ayant lu « *Le Chevalier-Aigle* », M. Stierlin s'exprime en ces termes :

Chère Madame,

J'AI LU D'UN TRAIT VOTRE BEAU TEXTE INSPIRÉ PAR LE SORT DES PRÉCOLOMBIENS.

Je vous remercie vivement de me l'avoir communiqué. C'est un hymne qui porte l'enseignement de civilisations qui nous confirment dans l'idée qu'elles sont désormais mortelles, comme la nôtre le sera tôt ou tard. Ces Nations indiennes m'ont fasciné depuis longtemps, et j'ai eu à cœur de faire mieux connaître, dès 1960, date de mon premier reportage au Yucatan et au Peten, souffle novateur et grandiose de l'architecture et des arts dits "mineurs" – céramique et vaisselle, peinture et sculpture, technique du décor de jade, etc. – qui m'ont profondément touché. Je comprends que - malgré leur "étrangeté" – ces arts et leurs auteurs vous aient aussi séduite.

J'admire l'approfondissement qui est le vôtre pour ces civilisations nées dans un autre monde, sans contact avec les peuples d'Egypte ou de Mésopotamie, et sans racine avec nos ressources matérielles et nos sources culturelles et religieuses.

Merci donc chaleureusement pour votre envoi qui m'a fait grand plaisir…

Bref, je voulais encore vous exprimer mes félicitations en vous répétant que votre manuscrit m'a causé une grande joie.

Henri Stierlin.
Genève, le 6 août 2013

Dans le préambule de son ouvrage « L'OR ET LA CENDRE », l'historien évoque la prodigieuse aventure de Christophe Colomb en 1492, qui provoque une véritable révolution planétaire. Elle inaugure les traversées océaniques, révèle l'existence d'un archipel, puis d'un continent insoupçonné à l'Ouest.

Il y a cinq cents ans, dit-il, le Découvreur faisait un pas dans l'inconnu, qui doublait la surface des terres de l'Ancien Monde. Il entrevoyait un univers nouveau et des peuples étranges dans un cadre idyllique qu'il prit pour le Paradis terrestre.

Ses successeurs, les Conquistadores, rencontreront des nations organisées, des empires puissants. Cortés au Mexique et Pizarre au Pérou affronteront, avec une poignée d'hommes, des armées innombrables. Ils détruiront sans pitié des cités, des temples, des œuvres d'art, des civilisations. Ils s'empareront des trésors, écraseront les tribus, éradiqueront les cultes.

C'est pourquoi, poursuit-il, le seul événement que l'on soit en droit de commémorer aujourd'hui est la rencontre avec un homme différent : un « semblable » qui a suivi une évolution totalement indépendante de celle des Européens de la Renaissance. Aztèques et Incas, ainsi que toutes les nations « indiennes » de Mésoamérique et des Andes qui les ont précédés, Mayas et Toltèques, Mochicas et Chimu, etc. – ont constitué un patrimoine considérable. Ils ont élaboré une vision originale de l'homme, que les Espagnols foudroyèrent.

Les chercheurs modernes, reprend-il, s'attachent à en ressusciter les splendeurs, dont le livre « L'OR ET LA CENDRE » apporte la quintessence. Découverte, conquête et destruction du Nouveau Monde, d'une part, mais aussi fascination pour les arts et modes de pensée des Amérindiens forment donc les thèmes de cet ouvrage. En rappelant l'épopée transatlantique, puis la sanglante aventure des Conquistadores et l'effondrement des Précolombiens, l'étude culmine par une vaste synthèse des réalisations esthétiques et des connaissances que nous lègue l'Amérique ancienne.

* * *

Le présent poème « LE CHEVALIER-AIGLE » tient compte des remarques sévères du grand historien et de ses conclusions. Il replace le problème dans la lumière de notre époque en réaffirmant l'existence des peuples indigènes et de leurs droits ancestraux.

Le regard du « Chevalier-Aigle » est fixé sur la vitalité du continent amérindien. Il y voit un immense potentiel de renouvellement et un espoir certain pour l'avenir.

La résurgence actuelle des nations indiennes, qu'à tort on avait pu croire totalement éteintes, nous en fournit l'éclatante preuve !

Luce Péclard
15 février 2015

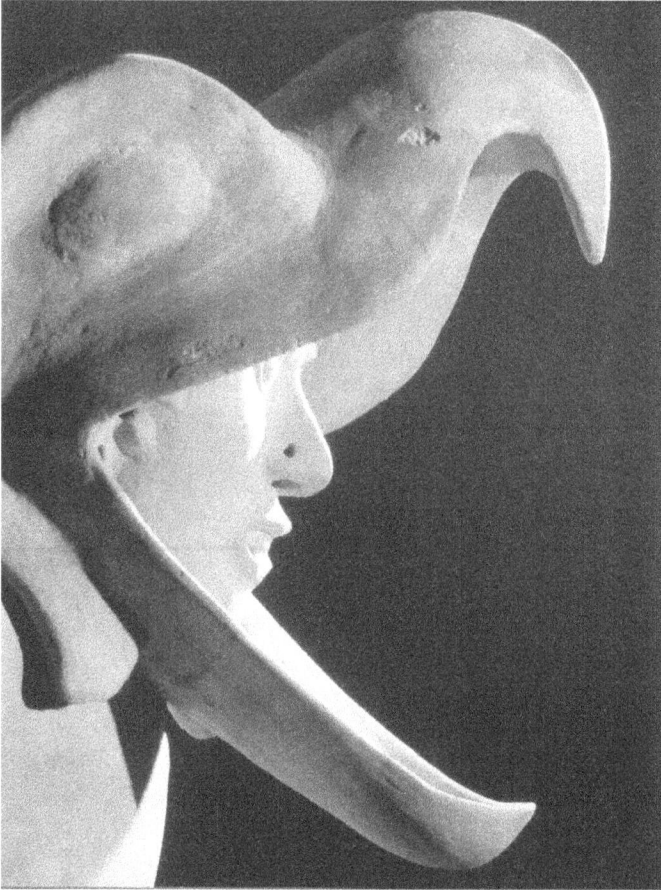

Illustration donnant son titre au poème :

Détail d'une grande statue aztèque du 15ème s. représentant un « Chevalier-Aigle » en terre cuite, découverte lors des fouilles du Templo Mayor, dans le sous-sol du Zocalo, à Mexico, vers 1990.

LE CHEVALIER-AIGLE

Il a revêtu l'armure de l'aigle,
Lui, le Poète ailé
Au rêve amérindien.

Cinq siècles après Christophoros,
Il scrute le continent
Déroulé sous son vol.

Et se déplie la mappemonde
Aux douze panneaux de bois gravé
Dessinée par un moine germain
A l'effigie de Ptolémée
Et d'Amerigo Vespucci.
C'est désormais la terre entière
Qui figure sur un planisphère
A l'époque des humanistes,
Les Erasme et Holbein,
Schongauer et Dürer,
Lumières de la Renaissance.

Cristobal Colon a bien su convaincre
Les souverains catholiques ibères,
Appuyés par les Franciscains.

Amiral, vice-roi nommé
Des futures Indes occidentales,
Il s'assure déjà la dîme
Sur tout bénéfice à venir.

Après Saint Bredan, l'Irlandais,
Vers l'an 500 au Groenland,
Il veut faire mieux que les Vikings
Vers l'an 900 sur leurs drakkars,
De Terre-Neuve au vaste nord,
Et du Labrador au Vinland
A la rencontre des Inuits.

Tous ces hauts faits sans lendemain
Autre que les grandes sagas
De Norvège et d'Islande,
Entre fjords et banquises.
Dans les mers du sud plus clémentes,
Des aventuriers portugais,
Puis des Normands, des Espagnols
Ont des caravelles à trois mâts
Et des voiles latines au long cours.

L'aiguille aimantée de Chine,
Et l'astrolabe des Arabes,
Sans oublier leur invention,
L'horizontale rose-des-vents,
Puis quadrant, sextant et compas
Accompagnent les timoniers.

Entre leurs mains reste en vigueur
L'antique sphère armillaire
Du fameux astronome grec :
La terre au centre de l'univers,
Malgré le choc copernicien.
Colomb a donc su conquérir
Les Aragon de la Reconquista,
Qui ont repris Al-Andaluz,
Unifié la péninsule
Et refermé, inquisiteurs,
En une seule décennie,
Huit siècles de parenthèse maure.

Installés à Séville,
Revenus à Grenade,
Ils se sont attaché au passage -
Sous Torquemada le sinistre -
Les marranes convertis de force
Et moult revenus cachés.

C'est qu'il leur faut de l'or
Pour leur monnaie de billon,
Deux millions de maravédis.
Une pleine mesure d'or
Pour le navigateur gênois,
A hauteur de leurs ambitions
Et par tous les moyens
Que la fin justifie !

Trois caravelles aux voiles carrées,
Quelque quatre-vingt-dix marins
Et des vivres pour 120 jours…

L'argent cependant coule à flot,
Vénitiens et Lombards
S'affairent dans les ports.
Commerce et banque prospèrent.
Le négoce lainier
Tond à ras les moutons.
Rizières et canne à sucre
Envahissent le sud.

Telles les fraisières actuelles
Où l'on exploite la main-d'œuvre
Arrivée tout exprès d'Afrique !

Colomb l'intrépide est parti.
Il touche, après les Canaries,
San Salvador et Cuba,
Haïti, St. Domingue, en un mois.
Si bien qu'il se croit en Asie,
Aux portes de la Malaisie !

Et c'est le retour en triomphe,
Porté par les vents dominants
D'ouest en est, via les Açores.

Trente-deux semaines décisives,
Devenues aube des temps modernes.

Dès lors Christophe est possédé
Du démon colonisateur,
Qui plus tard fera tant d'émules
Et tant de victimes irradiées
Aux siècles maudits de l'atome…

De quatorze cent nonante-trois
A quinze cent-deux et quatre,
Trois nouvelles expéditions,
Dix-sept navires, mille deux cents hommes,
Et l'illusion d'avoir conquis
Jusqu'aux avant-postes de l'Inde !

L'œil perçant du chevalier-aigle
S'éloigne à présent de l'Espagne,
D'où Colomb s'élance à nouveau
Pour longer le Nicaragua.

Témoin tardif de l'aventure,
Son regard demeure impassible
A travers les siècles écoulés
Auxquels il ne peut rien changer.
Par-dessous la visière
De son casque entr'ouvert,
Il constate et déplore
Les conquêtes et leurs crimes,
Du Mexique au Pérou,
De Cortés à Pizzarre,
Des Aztèques aux Incas,
Deux peuples anéantis,
Ramenés quasiment
A l'âge de la pierre,
En vingt années à peine !

Ainsi la Mésopotamie,
Puis la Libye et la Syrie,
Exsangues et ruinées aujourd'hui
Sous d'autres puissants prédateurs.

Christophoros se veut colombe
Annonciatrice des temps nouveaux.
Il promet aux rois catholiques
Soutenus par le Pape Borgia
La conquête de Jérusalem,
Et en passant rien de moins
Que la conversion des Indiens.

Pour lui, le Basque De la Cosa
Eternise, sur une peau d'âne,
Sa carte demeurée célèbre
Et toujours intacte au musée.

Colomb ? En fait une charnière
Ouvrant la voie aux conquérants !

Après lui se profilent Cortés
Et ses hommes barbus à cheval.
Six cent-dix-sept hommes, seize chevaux,
Effectif plus que dérisoire,
Pour secouer le clan aztèque
En rébellion contre Mexico.
Cortès prend une maîtresse maya,
Belle et habile interprète.
Il profite des querelles indiennes,
Renverse les idoles
Et construit un autel.
Il y plante une croix,
Fait célébrer la messe
Et baptiser les femmes.

Les Aztèques leurrés
Croient au retour des dieux
Sur des montures inconnues.

C'est le nouveau serpent à plumes,
Le Quetzacoatl tant attendu,
Héritage rêvé des Toltèques,
Dont le père, Mictlantecuhtli,
Règne par la terreur
Au royaume des morts !
Les Espagnols et leurs canons
Sont les émissaires hardis
Du dieu de pluie et de foudre,
Tlaloc aux clins d'œil de cyclone.
Les terrifiantes « trompettes à feu »,
Les cuirasses et les pétarades
Rallient hélas à Cortés
Les guerriers totonaques
Par dizaines de milliers.
Et la nation fière, abusée,
De l'empereur Montezuma
S'effondre entièrement
En un clin d'œil d'histoire !

Entre temps, les bijoux offerts
Par le chef aztèque à genoux
Arrivent à Charles-Quint
De la part des vainqueurs.
Un fabuleux trésor
Présenté à Bruxelles,
Au centre de l'Empire,
Et qui fait s'extasier
Dürer, le fils d'orfèvre.

Les Indiens ébahis
Ignorent tout du sens
De cette ruée sur l'or.
Ils comparent cette avidité
A celle des singes à longue queue !

Maintenant, l'Espagnol avance
Avec son armée renforcée.
Il monte à haute altitude,
Passe entre les volcans,
Atteint deux mil quatre cents mètres,
Et envahit Tloxcala,
La capitale aztèque
Plus grande que Grenade !

« Santiago ! Santiago ! »,
Tel est son cri de guerre,
Et Saint Jacques n'est-il pas
Le protecteur des cavaliers ?

A Mexico-Tenochtitlan,
Egalant Séville ou Cordoue,
Il est reçu en grande pompe
Par Montezuma, comme un frère,
En novembre mil cinq cent dix-neuf !
L'empereur lui offre un breuvage
Au goût épicé et amer :
Le cacao combien précieux,
Cette fève des dieux indiens.

Cortés évalue et soupèse,
Capture le chef Montezuma,
Substitue aux idoles païennes
La Sainte Vierge des Chrétiens.
Lui si cruel, horrifié,
Fait nettoyer les sanctuaires
Du sang des sacrifices humains,
Et distribue à ses soldats
Les trésors pillés au passage.

Mais voilà, surgi de Cuba,
Velasquez marchant contre lui.
A Veracruz, il le convainc
De se rallier à sa cause.

A présent, Mexico s'enflamme,
Indiens contre Espagnols.
Montezuma déchu
Est tué par les siens.
Mille morts chez les Blancs
Plus du double chez les Indiens.
Et le butin, des tonnes d'or,
Englouti dans la boue du lac.

Autres batailles, autres massacres,
Les Indiens sont terrassés,
Leurs survivants vendus, esclaves.
Pour parachever le désastre
Arrive la petite-vérole,
Introduite par les conquérants.
Les vaincus n'ont pas d'anticorps
Devant ce fléau inconnu,
Des dizaines de milliers succombent.

Après nonante-trois jours de siège,
Mexico est anéantie
En août mil cinq cent-vingt-et-un.

La destruction systématique
Rasera temples et pyramides.
Avec leurs maçonneries
Seront érigés des palais,
Des églises et des cathédrales.

Démontés, confisqués, fondus
Seront les trésors des sous-sols.
L'art austère sera combattu,
Avec ses rites censés calmer
Les dieux assoiffés de sang,
Et les statues effrayantes
Tomberont dans le vide aztèque.

Sous les yeux du chevalier-aigle
Se déroule le feuil de l'histoire,
Mince film recouvrant à peine
Un abîme de deuil insensé.

Dix ans plus tard, que fait Pizzarre,
Imitant son cousin Cortés ?
Il s'attaque à plusieurs reprises
Au peuple affaibli des Incas
Qui le prennent pour Viracocha,
Dieu créateur et civilisateur.
Il mise sur leurs dissensions
Et marche sur Cajamarca,
Au-delà des quatre mille mètres.
Deux mille morts par guet-apens
Sur la place de la cité,
Et capture du chef Atahualpa
Paru sur une litière d'or
Surmontée de son baldaquin.
La rançon, inimaginable,
Comprend quelque cent mètres cubes
De la plus pure orfèvrerie,
Et des monceaux d'argenterie !

Pizzarre explore le pays,
Parcourt ses quatre mille kilomètres
En bordure du Pacifique.
Il fait fondre six tonnes d'or
Et s'en attribue largement
Deux cent cinquante kilogrammes.

Atahualpa, baptisé,
Est aussitôt exécuté.
Alors, en l'an de disgrâce
Mille cinq cent-trente-trois,
Le sort du Pérou est joué !

Tant aux Caraïbes qu'à Cuba,
Porto-Rico, et archipels,
En Hispaniola, la conquise,
Où l'envahisseur sans pitié
Avait pendu la médiatrice,
Anacoana la Poète,

Dans tous ces lieux maudits des dieux
S'ensuit une mortalité terrible
Parmi les Indiens sans défense.
Exploitation et maladies
Aux plantations de canne à sucre
Où les rejoignent les Noirs d'Afrique
Importés par la traite des Nègres.

Même misère au Mexique
Dans les mines d'argent
Où sévissent les épidémies,
La rougeole et les famines.

Comble d'horreur, on abandonne
Les systèmes d'irrigation.
Alors sont désormais perdus
Des milliers et milliers d'hectares
De terres riches et productives,
Et les vallées un jour fertiles
Retournent à l'état de désert !

Puis durant des siècles, au Pérou,
A quatre mille mètres d'altitude,
Dans les mines de Potosi,
Des millions de travailleurs
Extraient le cuivre, l'étain, l'argent.
Sept hommes sur dix en mourront.

Que reste-t-il de ces cultures,
Ces peuplades sans écriture ?
Le peu qu'on en retrouvera
Est dû aux missions catholiques.

Les Franciscains respectueux
Les observent au long du seizième,
Les côtoient et se mêlent à eux.
Ils apprennent leur langue
Et ouvrent ainsi l'accès
A leur patrimoine culturel.

Pendant ce temps veille de loin
La cour de Madrid aux aguets,
Comme araignée sur sa toile.
Dès mil cinq cent septante-sept,
Sous la pression des capitaines
Et des propriétaires terriens,
Elle suspend les activités
Des moines désintéressés,
Séquestre et détruit les preuves
Que sont leurs précieux manuscrits !

Ainsi meurt une deuxième fois
La mémoire sacrée des Aztèques
Sous la frénésie des puissants.

Et le Pérou, et les Mayas
Sont dépossédés à jamais
Des témoignages des religieux,
Interdits de fraternité
Par la pesante tutelle ibère.

Pourtant, quatre cents ans plus tard,
En mil neuf cent septante-huit,
Apparaît une résurgence :
Les parallèles surprenants
Entre la pensée des Mayas
Et la cosmologie chinoise,
Et les rites anciens tibétains.
Un étudiant en chinois
Arrive à déchiffrer, miracle,
Les hiéroglyphes des Mayas
Qui sont bien des idéogrammes !

Il décrypte ainsi un codex
De la Bibliothèque Nationale
Sur la religion de ces peuples
Et leur foi en la renaissance
Continuelle de leurs morts,
Cet ailleurs d'une autre existence.

Dès lors existe en édition
Un « Livre des morts maya » *
Comme en existe un tibétain,
Et aussi bien un égyptien !

Paul Arnold :
« *Le Livre des morts maya* »
(Robert Laffont, 1978)

En outre l'on s'apercevra
Que les codex des Mixtèques –
A leur insu, bien entendu –
Illustrent le boustrophédon
Du grec ou étrusque archaïques
Qu'on lit alternativement
De gauche à droite et droite à gauche,
Comme l'élan de la navette
Fait du tissage amérindien
Le comble du raffinement.

Le chevalier-aigle
A survolé l'histoire
A la rencontre des Amériques.
Un nouveau monde avait surgi,
Ses peuples furent anéantis.

Rabaissant alors sa visière,
Le chevalier-aigle affligé
Intériorise sa réflexion.
Observateur sans indulgence,
Ayant pris la mesure des temps,
Il peut en réunir les signes
Augurant des siècles futurs.

Son constat est un couperet :
L'espèce humaine est dépassée
Par ses propres moyens de nuire.
Sauf immédiate volte-face,
Un miracle de dernière heure,
Elle n'a aucun avenir !

Si l'or volé pouvait parler !
Régulier, séculier, profane,
Lové dans les églises,
A la gloire d'un Sauveur
Qui jamais n'en usa,
Brillant sur les couronnes
Des monarques régnants,
Scintillant pour personne
Dans les coffres des banques,
Ternissant, inutile,
Dans les caves des forts,
Suscitant convoitises
Et agressions sans nombre…

Cet or sacré qui reposait
Dans les sépultures andines
Et les cellas des sanctuaires,
Le voici fondu, refondu,
Compacté en lingots,
Etiré, laminé, plaqué,
Prêt à sertir, à dessertir,
Travaillé en bijoux,
Transformé en parures,
Frappé en monnaies, en médailles,
Roulantes et résonnantes…

Si l'or ainsi violé
Remontait les années
Jusqu'à ses gisements,
Ses origines pré-colombiennes
D'avant Aztèques et Mayas,
On en retrouverait
L'unique éclat solaire
Offert aux divinités plurielles,
Hautaines et graves,
Tutélaires et majestueuses.

Autres lois, et tout autre monde
Jusqu'alors intouché, intact,
Avec ses propres traditions
Sans nul héritage chrétien,
Et ses lointains ancêtres
De bien avant notre ère,
Venus des Inuits
Au-delà de Béring,
Passés par le Grand-Nord
Aux confins d'Alaska,
Et qui mirent des millénaires
A descendre et longer
Les Montagnes rocheuses,
Le piedmont des Cordillères,
L'épine dorsale des Amériques,
Jusqu'en Patagonie
A l'orée du Grand-Sud
Vers la Terre de Feu.

Creuset de peuples au type unique,
Non mélangés, non métissés,
Restés originels et fiers,
Aux aigles et jaguars sacrés,
Les Toltèques et Mixtèques,
Nahuas et Olmèques,
Mochicas, Nazcas et Chimus…

Pas davantage, chez eux,
D'héritage eurasien,
Juste une parenté fortuite
Avec l'Egypte des Pharaons :

Les autels gigantesques,
Pyramides tronquées,
En blocs et en basalte,
Plateformes des dieux,
Sépultures royales entourées de trésors,
Les montagnes d'adobes,
Ces monuments de briques crues,
Centres cérémoniels des prêtres,
Masques et couteaux sacrificiels,
Couronnes et cloches en or.

Et les édifices gigognes
Attestant, l'un sur l'autre,
Jusqu'à douze états successifs.
Les tombes en bordure d'océan,
En forme de bouteille,
Avec leurs puits d'accès,
Les centaines de sites anciens,
Nécropoles et métropoles,
De la plaine aux altiplanos…

Ces peuples amérindiens,
Ravagés, saccagés, ruinés,
Non respectés dans leur essence,
Qui attestaient d'un monde à part,
D'une différence fondamentale,
D'un développement tout autre,
Dans l'ignorance la plus totale
De l'héritage antique du Christ,
Et des structures sociales
Du Vieux-Monde médiéval…

Voilà bien qui, du fond des âges,
Nous interroge en nos tréfonds,
Se dit le chevalier-aigle,
Le sens, devant l'éternité,
Des anciennes civilisations
Qui n'avaient pour seul tort
Que celui d'être là !

Peuples aperçus, perdus de vue,
Engloutis sous notre ignorance
De vile supériorité.
Peuples entr'aperçus, magiques,
Comme arrivés d'une autre sphère,
Déphasés et trop peu nombreux,
A peine abordés, trahis,
A peine côtoyés, trompés.

Eux qui ne connaissaient
Aucun des instruments à axe,
Ni roue, ni tour et ni poulie,
Pas de charrue et pas de char,
Ni pompe, ni treuil et ni grue,
Ni blé, ni riz, ni graminées,
Pas de cheval, ni bovidés,
Pas de caprins et pas d'ovins.

Mais ils avaient le lama,
Le guanaco et l'alpaga,
Camélidés au port gracieux,
Aux yeux de profonde douceur,
Qui donnaient généreusement
La laine, la viande et le cuir.
Des chiens aussi, et des dindons,
Des canards et des cobayes,
Et les rayons dorés du miel.
Ils cultivaient la pomme de terre,
Haricot, maïs et tomate,
Et ils récoltaient le coton
Déjà dix siècles avant notre ère !

Ces peuples sans écriture
Etaient de forts calculateurs.
Ils utilisaient des « quipus »,
Moyens de comptes perfectionnés,
Faisceaux de cordelettes placées
Dans une succession précise,
Où des nœuds à hauteurs diverses
Symbolisaient nombres et quantités.

Arithmétique maya,
De type vicésimal,
En usage déjà
En l'an deux cent cinquante,
Alors que les chiffres arabes,
D'origine phénicienne
Vers le neuvième siècle,
Nous vinrent au dixième siècle,
Et nous furent courants
Seulement au treizième…

Chez les Incas, collectivistes,
On en remonte aux communistes !
Leur pouvoir possède, gère, exploite,
Et redistribue censément
Les stocks de maïs.
La hiérarchie centralise tout
Et organise la défense.
L'individu est un rouage
Dans une prise en charge totale.

Pour communiquer entre eux,
A défaut d'animal de monte,
Ils ont des coureurs, des relais,
Des athlètes lancés sans cesse
A seize kilomètres à l'heure
Le long des routes rectilignes.
En se relayant constamment,
Ils couvrent au quotidien
Plus de trois cent cinquante kilomètres,
Et dans l'espace de dix jours,
Une nouvelle est transmise
De Cuzco à Quito, deuxième capitale…

La maîtrise technique exemplaire
De cette société singulière,
Aussi inventive qu'ordonnée,
Se révèle phénoménale.
Les tailleurs à l'œuvre
Montent les pierres à sec.
Ils déplacent, empilent et jointoient
Des blocs de plus de cinquante tonnes.

Les architectes savent créer
Un art monumental grandiose,
Bien antérieur aux cathédrales,
A la gloire de Qui les dépasse,
L'Esprit incarné dans leurs dieux.

Toute cette structure imposante
Sera hélas jetée à bas
En une infime fraction de temps
Par seulement quelques centaines
D'envahisseurs européens
A face pâle et rire glacé !

Comme un coin forcé à la masse
Fait éclater un tronc puissant !

Revenu en son propre siècle,
Le chevalier-aigle lit les signes
D'une nouvelle réalité.
Il voit se réveiller enfin
De leur longue léthargie
Les descendants amérindiens
Issus des rares survivants.
Ils se prénomment Hugo, Evo,
Raphaël, José et Raul,
Daniel, Oscar et Leonel…
C'est un cluster de forces vives
Qui en attirent beaucoup d'autres.

Ils nationalisent les friches,
Les font cultiver à nouveau,
Interdisent les OGM,
Créent une centrale des semences,
Activent les firmes en faillite
Sous une forme autogérée,
En milliers de coopératives.
Au prix d'un effort colossal
Ils se libèrent peu à peu
Du joug de la Banque mondiale
Et de celui du FMI.

Ils prennent en main l'éducation,
Multiplient les bourses d'études.
Ils redistribuent le travail,
Valorisent l'amer labeur
De leurs cueilleuses de café
Et des coupeurs de canne à sucre
Qui comptent des milliers d'enfants.
Ils donnent la pension « dignité »
Aux plus pauvres d'entre les pauvres.
Pour ces derniers la nourriture
Et les services médicaux
Contre des barils de pétrole
Devenus un moyen d'échange.

Dans la ligne de Bolivar
Ils développent l'Unasur,
Consolident le Mercosur,
Affranchissent leurs états latins
Des influences séculaires
Hispanique et yankee du nord.

Essayant d'abaisser
L'âge de la retraite
En-dessous de la soixantaine,
L'Amérique latine,
Rebelle et progressiste,
Erige des acquis sociaux
Qu'en Europe l'on déconstruit
Au nom du marché libéré
Avec le profit à tout prix !

Voilà donc ces peuples cosmiques,
Latinos et Caribéens,
Se transformant profondément
Dès le dernier tournant de siècle :
Les masses alphabétisées,
Les chiffres d'écoliers doublés,
Les soins de santé répandus
Et partout généralisés,
Le réseau des épiceries
Créé dans l'espace public,
Et le salaire minimum
Enfin multiplié par cinq,
La démocratie installée,
Semi-directe et bienvenue,
Avec une reprise en main
De leurs ressources pétrolières.

Dans la ligne de Bolivar,
Libérateur des Amériques,
Un livre naît, ainsi nommé :
« Constitution bolivarienne »
Aux ventes révolutionnaires
De plusieurs millions d'exemplaires.

On veut armée, indépendance,
Justice sociale à l'appui
Et alliances régionales,
En un mot, l'unification
De l'entier de la zone andine,
Avec des institutions neuves,
Ouvertes au monde, alternatives.
Pour s'extraire une bonne fois
Des dominations impériales.

Ainsi, l'on repeint les écoles
Et l'on rénove les mairies.
Le gouvernement fait livrer
Gratuitement ciment, poutrelles,
Dizaines et dizaines de tonnes
Pour refaire et hausser les toits
Et pour soutenir les planchers.
A la recherche du « bien-vivre »,
Tous les habitants participent
A la grande œuvre collective.
Même les militaires y sont,
Sans armes, et sans ceinturons !

Et l'Alba veut substituer
Au dollar la monnaie commune,
Le Sucre, comme Antonio José,
Zélé de Simon Bolivar.

Pendant ce temps, le Pérou lutte
Contre les projets gigantesques
Des compagnies d'hydrocarbures
Qui ont vingt-trois millions d'hectares
En montagne, en forêt, en côtes,
Menaçant sur leurs propres terres
Trois mil deux cents communautés
De paysans et d'autochtones.
Terre arable aux millions d'hectares
Volés pour l'agrocarburol.

Amazonie parcellisée
De treize à septante-cinq pour cent
En un laps de temps de cinq ans,
Sans aucune consultation
Des populations indigènes !

Alliance bolivarienne
Ralliée par treize états-membres,
Ô Alba d'aube et de forêts,
Espoir contre les prédateurs,
Orénoque et fleuve Amazone
Aux remous de vive émeraude,
Aux reflets de gemme turquoise,
Aux ondulations mordorées
De grands serpents à peau de lianes
Parcourus, sur leurs canoës,
Par les vingt peuples ancestraux,
Aborigènes riverains,
Avec leurs troncs d'arbres creusés
Flottant sur l'eau source de vie,
Tribus du fleuve en liberté,
Le long des huttes aux toits de palmes,
Avec leurs fourmis bachacos,
Leur pain de manioc casabe,
Leurs unités éducatives
Pouvant un jour servir d'exemple.

Ô Ururu des Akuntsu
Qui s'éteignit en deux mil neuf,
Doyenne de cette tribu
Réduite à cinq individus
En Amazonie brésilienne !
La disparition d'Ururu,
Avant-dernière des étapes
Marquant l'ultime génocide.

Les Akuntsu vivaient en paix
Dans leur état de Rondônia
Jusqu'aux ans mil neuf cent soixante.
Puis vint la déforestation
Avec la colonisation,
La destruction de l'habitat
Des indigènes massacrés.
Il ne reste aux cinq survivants
Qu'un peu de forêt « Omerê »,
Officiellement démarquée,
Mais fatalement encerclée
De vastes fermes d'élevage
Et de plantations de soja.
La tribu est bien protégée
Par la fondation FUNAI
Vouée aux affaires indiennes,
Mais pour être vraiment sauvés,
Les Akuntsu devraient s'unir
À une autre communauté…

C'est la saga amérindienne,
Les descendants de Bolivar
Qui retrouvent leurs origines,
Leurs ascendants veillant sur eux.
Un grand visage unifié,
Marqué de l'aquilin profil.

Le chevalier à l'œil ardent
Voit surgir leurs nouvelles troupes,
Et les fleuves remontent aux sources,
Les forêts piaffent d'impatience,
Les collines se joignent aux pics,
Colonne vertébrale andine,
Dans un grand rire de volcan !

C'est la saga amérindienne,
Du centre au sud, mais pas au nord.
Rose-des-vents redessinée
Qui n'a là-bas plus que trois branches !

On peut dès lors interroger
L'histoire de ce continent
Avec un regard dessillé :
Les géoglyphes mystérieux
Gravés dans l'espace nazca,
Le désert côtier péruvien,
Où furent ourdis en plein air
Les plus grands tissus mortuaires
Jamais produits par être humain,
Vastes pièces d'un seul tenant
Atteignant cent mètres carrés.
Les tapisseries Huari
A la géométrie abstraite
Et le hiératisme des formes
Dans un cubisme intemporel.
La stylisation du tissage,
Pour eux plus important que l'or
Caché au fond des sépultures…

L'empreinte du textile influe
Sur les concepts et les sculptures,
Les décors architecturaux.

Tours funéraires au genre unique
Monuments de l'Altiplano
Dressés depuis quatre mille ans,
Fardos de tissus richissimes
Où dorment, à jamais enroulées,
Les chrysalides des momies.

Plumasserie extraordinaire
Pratiquée avec maestria
Par tout artiste amérindien,
Nouant d'innombrables chefs-d'œuvre.

Bas-reliefs et terres cuites,
Statues d'andésite ou basalte,
Travaux d'argent, or et turquoise,
Cire perdue et filigrane,
Encensoirs cultuels à copal,
Masques de jade au lourd secret.

Tous ces trésors inestimables
A haute charge symbolique
Echappent aux règles des musées
Pour vivre un siècle démasqué,
Revitalisé sur les ruines.

Teotihuacan revisitée
Selon l'imagerie aztèque,
De capitale disparue
En métropole inspiratrice,
Ces lieux où l'humain libéré
Des sacrifices des victimes
Dépasse le niveau des dieux
A la cime des pyramides
Et reprend, des peuples anciens,
L'observation astronomique
Dans l'aura du serpent à plumes
Et sous l'œil aigu de Tlaloc,
Dieu de la pluie et de la foudre
Qui émerge aussi, victorieux,
D'un bec d'aigle amplement ouvert !

Teotihuacan, précolombienne,
Etait une cité puissante,
L'une des plus grandes du monde
Avant son étrange incendie
Vers les six cents ans de notre ère :
Cent soixante mille habitants
Sur vingt kilomètres carrés
Disposaient d'un large réseau
De routes et de conduites d'eau.

Les temples aux fresques polychromes,
Les palais revêtus de stucs
Devaient leur faste aux ateliers
Des artisans et des artistes
Qui affluaient de l'extérieur,
Aux commerçants d'Oaxaca
Et à ceux des cités mayas
Qui contribuaient à l'empire.
La ville était aussi la forge
Des armes faites d'obsidienne,
Et les tombeaux conciliaient
Pour la postérité avide
Les objets figurant les dieux,
Les rituels cérémoniels,
La vie du quotidien urbain
Et les événements sociaux.

Sur ce piédestal historique,
Deux mil dix, double jubilé,
Evoque le bicentenaire
De la lutte d'indépendance
De Mexico, qui succéda
A la Teotihuacan mythique !

Et maintenant, que souhaiter
A ces contrées en plein essor,
Alors qu'une menace de plus
Frôle leurs rivages du nord ?
Ce quetzalcoatl d'un autre type,
Serpent à plumes engluées
De pétrole du fond des mers,
Nouvel Hadès, Pluton vengeur,
Issu de négligence grave,
Biocide d'ampleur majeure !

Que faire, hélas, sinon prier
Pour que leur sort revigoré,
Endormi depuis tant de siècles,
Continue à se réveiller.

De continent à continent
Sourd une empathie réciproque,
Fraternité du fond des âges,
Comme un puits de Bien jaillissant
Foré dans le sous-sol humain.

Une richesse des confins
A remonter sans faute au jour,
Plus précieuse que l'or perdu
Galvaudé à travers les siècles,
Transformé en armes et ciboires
Et en dentures impitoyables
Autour de calices éclatants.

Une irrépressible attirance
Vers un tout autre fonds commun
Qui ne soit ni grec ni romain,
Pas anglo-saxon ni germain,
Pas sémitique et pas aryen,
Encor moins judéo-chrétien !

Que s'affirme la différence,
Avec pour souvenir unique
Celui puisé dans l'avenir
Tiré aux rives du présent,
Ainsi qu'un filet de pêcheur
Frétillant de nouveaux miracles,
Prise directe du mystère.

Enfin, sur la plage des temps,
Trouant la foison des possibles,
Un labyrinthe qui se cherche
Et se découvre à l'infini,
Car il est le fil enroulé
D'un écheveau d'ardeur cosmique,
Extérieur à tout sacrifice
Aux petits dieux et dieux uniques
Inventés pour tenir en laisse
Les troupeaux de croyants naïfs.

Recherche intérieure des peuples,
De leur divine convergence
Dans l'élan qui l'a engendrée,
Elle qui fut et qui sera
Et, dans l'Amour universel,
Qui est de toute éternité,
Reflet d'une entité sans nom
D'intelligence supérieure,
Bien au-delà du transhumain.

DU MÊME AUTEUR

Le Prix Européen de Poésie francophone Léopold Sédar Senghor a été remis à Luce Péclard en 2008 à Paris.

* * *

La force de l'élan, poèmes, préface de Gil Pidoux, illustration de couverture de José Barrense-Dias. 3ème du genre après les sonnets, ce recueil nous offre un vers libre resserré, gagnant en structure et en rythme et disant l'essentiel. (Madrier 2014, 120 p.)

Pars si tu peux, poèmes, préface et illustrations de Jacques Herman, « Après ses sonnets classiques, l'auteur nous offre la clé d'une poésie libre, fascinante et d'une bouleversante simplicité » . (Madrier 2012, 100 p.)

Le Feuil, poèmes, préface de Jacques Herman. Ce mince film d'oubli sur l'essence des êtres et des choses. Ôtons-le, rejoignons leurs vibrations subtiles. (Madrier 2011, 136 p)

Le Gué des jours (Semainier poétique, symbolique et philosophique) Un quatrain pour tous les jours de l'an. (Ed. du Madrier, 2008)

La Sentinelle dit, sonnets, préface de Claude Martingay, 3 illustrations, Ed. du Madrier, décembre 2006

Sonnets invitatoires, préface de Pierre-Marie-Pouget, 9 tableaux de Michel Bénard, Ed. du Madrier, 2004, 3e prix du GRAND PRIX DE LA VILLE D'ARLES, 2002, Centenaire de la Société des Poètes Français.

La Poésie peinte – La Peinture dite : 22 poèmes (épuisé) sur des tableaux de Myriam Gerber, Madrier 2

Livre d'Heures (**couronne de sonnets**), préface de Pierre-Marie Pouget, tableaux de Michel Bénard, Ed. du Madrier, 2001, rééditions 2002 et 2008, 1er PRIX « VITRAIL FRANCOPHONE », MÉDAILLE DE LA VILLE DE REIMS, 2000 - PRIX « ANNA DE NOAILLES », SOCIÉTÉ DES POÈTES FRANÇAIS, Paris 2001 - DIPLÔME D'HONNEUR « WILFRID LUCAS » ET MÉDAILLE SPAF, Yenne 2001

Vaste Ciel, 36 sonnets, préface de Paule d'Arx Ed. du Madrier, 1415 Pailly, VD, décembre 1997, GRAND PRIX BIENNAL DE POÉSIE « LUC VUAGNAT », SPAF, Vals-les-Bains, 1999

Champ libre, 36 sonnets, préface/postface A.v. Heuer, Ed.du Madrier, 1416 Pailly, 1994, "PLUME D'OR" DE LA SOCIÉTÉ DES POÈTES ET ARTISTES DE FRANCE, Genève, 1995.- GRAND PRIX DE POÉSIE FRANCOPHONE "HENRY MEILLANT" DE LA SOCIÉTÉ DES POÈTES ET ARTISTES DE FRANCE, Poitiers, 1996

L'Etoile Solitude, poèmes, Ed. du Madrier, 1416 Pailly, 1991,
   PRIX DE L'ANNÉE POÉTIQUE DE LA SOCIÉTÉ DES POÈTES
   ET ARTISTES DE FRANCE, Genève, 1992.
   PRIX INTERNATIONAL MANZONI / NABOKOV, Stresa, 1994

Le Détour souabe, récit, prés. de Micha Grin, Une famille allemande pendant et après la guerre,
   Ed. Cabédita, Yens 1989 & L. Péclard, Pailly, Collection "Archives vivantes romandes".

Sortilèges d'enfance / Ferventes saisons, récit, dessins de Christian Kull,
   Réédition augmentée, Ed. Poésie Vivante, Genève, 1985 & L. Péclard, Pailly

Racines avides, poèmes, dessins de Christian Kull,
   Ed. Poésie Vivante, Genève, 1985 & L. Péclard, Pailly

Pèlerin sur la terre, poèmes, préface de Daniel Anet, gravures de J. Dumur-Fischer,
   Ed. de la Prévôté, Moutier, 1975 & L. Péclard, Pailly

Le Veilleur d'aurores, poèmes, dessin de Maurice Redard, (en réimpression)
Ed. Perret-Gentil, Genève, 1969 & L. Péclard, Pailly.
   PRIX DE LA FONDATION GASPARD VALLETTE , Genève, 1970.

Seuil, poèmes,
   Editions Fernand Parisod, La Chaux/Cossonay, 1968 (épuisé).

Comprendre, poèmes,
   Ed. Perret-Gentil, Genève, 1966 & L. Péclard, Pailly.

Les Aubes à venir, poèmes, (épuisé)
   Ed. Perret-Gentil, Genève, 1964

MUSIQUE:
Racines avides, 7 poèmes mis en musique, pour voix chantée et piano, par Laurent
Mettraux, Editions, CH 1791 Courtaman, FR, 1992.
TRADUCTIONS
de l'allemand de l'étude de Hertha Hafer, pharmacienne: **"La drogue cachée: les phosphates
alimentaires, cause de troubles de comportement, de difficultés scolaires et de délinquance
juvénile"**, Ed. du Madrier, CH 1416 Pailly,
7e édition revue et augmentée, postface de la traductrice, 2010

Le Robot de Christophe Burckhardt, roman policier scientifique, traduit de l'allemand, Ed. du
Madrier, CH 1416 Pailly, 1999

EDITIONS DU MADRIER, Route de Rueyres 19, CH 1416 Pailly – VD - Suisse
Tél. & télécopie +41 (0)21 887.78.21 E-mail : dieter-o-buhler@bluewin.ch
EDITIONS MUSE, Heinrich-Böcking-Str. 6-8, D-66121 Sarrebruck, Allemagne :
<www.editions-muse.com>*Explications des acronymes utilisés ou sous-entendus :*

UNASUR	Union des Nations Sud-Américaines
MERCOSUR	Marché Commun d'Amérique du Sud
ALBA	Alliance Bolivarienne d'Amérique du Sud
SICA	Système d'Intégration d'Amérique Centrale
CARICOM	Communauté Caribéenne
CELAC	Communauté des Etats d'Amérique Latine et des Caraïbes

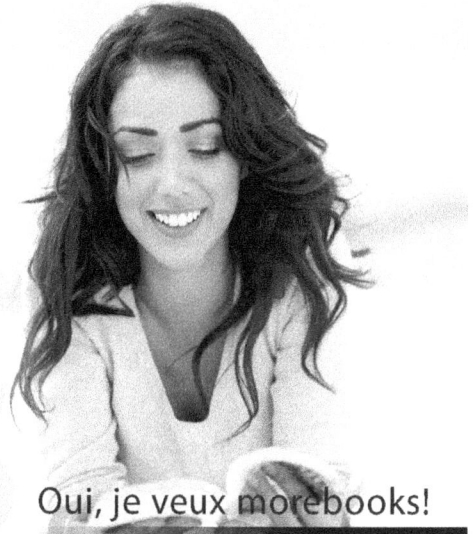

www.ingramcontent.com/pod-product-compliance
Lightning Source LLC
Chambersburg PA
CBHW031525270326
41930CB00006B/525